Christian Deuper

Credo in unum Deum

GRIN Verlag

Bibliografische Information der Deutschen Nationalbibliothek:

Die Deutsche Bibliothek verzeichnet diese Publikation in der Deutschen National-
bibliografie; detaillierte bibliografische Daten sind im Internet über http://dnb.d-
nb.de/ abrufbar.

Impressum:

Copyright © 2005 GRIN Verlag GmbH
Druck und Bindung: Books on Demand GmbH, Norderstedt Germany
ISBN: 978-3-638-92212-8

Dieses Buch bei GRIN:

http://www.grin.com/de/e-book/57651/credo-in-unum-deum

GRIN - Your knowledge has value

Der GRIN Verlag publiziert seit 1998 wissenschaftliche Arbeiten von Studenten, Hochschullehrern und anderen Akademikern als eBook und gedrucktes Buch. Die Verlagswebsite www.grin.com ist die ideale Plattform zur Veröffentlichung von Hausarbeiten, Abschlussarbeiten, wissenschaftlichen Aufsätzen, Dissertationen und Fachbüchern.

Besuchen Sie uns im Internet:

http://www.grin.com/

http://www.facebook.com/grincom

http://www.twitter.com/grin_com

Universität Osnabrück

Fachbereich 03: Erziehungs- und Kulturwissenschaften

SS 2005

Seminar: Johann Sebastian Bach, Missa h-Moll

Credo in unum Deum

Christian Deuper

Inhalt

1. Einleitung

Die folgenden Betrachtungen beziehen sich auf den ersten Satz „Credo in unum Deum" des Symbolum Nicenum (aus der h-Moll-Messe BWV 232) von Johann Sebastian Bach. Ich teile die Arbeit in zwei Hauptkapitel. Das erste widmet sich den Voraussetzungen für das Verständnis dieser Komposition: Dem Text (dem nicaenischen Glaubensbekenntnis), der Credo-Intonation (die Bach nicht praktiziert, an die er sich aber anlehnt), dem Fugenthema (einem gregorianischen Cantus firmus) sowie der Zahlensymbolik (bezogen auf die Zahl Sieben, die in diesem Satz eine zentrale Rolle einnimmt). Das zweite Hauptkapitel konkretisiert dann Einzelaspekte *dieses* Satzes: Die Fuge und ihre Gestaltung, das Basso continuo, die Fortsetzung im „Patrem omnipotentem" und schließlich, unumgänglich, die Parodiefrage.

Eine „Rechtfertigung" möchte ich vorausschicken: Vokalmusik, gerade geistliche, kann nicht die Noten isoliert vom Text betrachten. Ein Komponist des Barock komponiert ein großes Werk wie die h-Moll-Messe nicht, indem er genügend Noten für die Textverteilung zur Verfügung stellt, ohne den Text auszudeuten. „Bach tritt uns in der h-moll-Messe unbestreitbar auch als Theologe gegenüber, ..."[1]. Deshalb sei es dem stud.theol. auch verziehen, diese musikwissenschaftliche Arbeit im Sinne der theologischen Bachforschung abzufassen (und sich damit im Wesentlichen auf deren Begründer Walter Blankenburg zu stützen[2]) und zwischendurch theologische und liturgische Aspekte zu berücksichtigen.

Formal sei darauf hingewiesen, dass Notenangaben (Taktzahlen) nicht extra belegt werden, da sie in allen Notenausgaben gleich sein sollten. Außerdem werden Bibel- und Gesangbuchverweise nicht mit Seitenzahlen geleistet (auf die das EG ohnehin verzichtet), sondern mit den gängigen Abkürzungen[3] sowie Kapitel- und Versangaben bzw. Nummern.

Bei den wenigen griechischen Vokabeln wurde auf Umschrift verzichtet, lateinische Texte verzichten außer am Satzanfang und bei Eigennamen und „Deus" sowie untergeordneten Begriffen auf die Großschreibung. „Symbolum Nicenum" (so Bach selbst), „Symbolum" und das deutsche „Glaubensbekenntnis" meinen jeweils das gesamte Werk von „Credo"

---

[1] Blankenburg, 104.
[2] Blankenburg selbst dazu: „Möge niemand in der Verquickung von künstlerischem Schaffen und theologischem Denken einen Nachteil sehen!"
[3] EG = Evangelisches Gesangbuch, GL = Gotteslob. 1Mo = 1. Mose / Genesis, 2Mo = 2. Mose / Exodus, 5Mo = 5. Mose / Deuteronomium, Mt = Matthäus, Mk = Markus, Lk = Lukas, Joh = Johannes, Apg = Apostelgeschichte, Heb = Hebräerbrief, Offb = Offenbarung des Johannes.

bis „Amen", „Credo" oder „Credo in unum Deum" beziehen sich, soweit als musikalische Bezeichnungen verwandt, auf dessen ersten Satz.

2. Voraussetzungen

2.1 Das Nicaeno-Constantinopolitanum (kurz: Nicaenum)

Der Wortlaut des Nicaenums, des Credo des Hauptgottesdienstes (s.u.), ist folgender (links die lateinische Übertragung des ursprünglich griechischen Textes, rechts die Übersetzung Martin Luthers[4]):

Credo in unum Deum,	Ich gläube[5] an einen einigen allmächtigen
patrem omnipotentem,	Gott, den Vater,
factorem coeli et terrae,	Schöpfer Himmels und der Erden,
visibilium omnium et invisibilium.	alles, das sichtbar und unsichtbar ist.
Et in unum dominum Iesum Christum,	Und an einen einigen HERRn, Jesum Christum,
filium Dei unigenitum,	Gottes einigen Sohn;
et ex Patre natum ante omnia saecula.	der vom Vater geborn ist, vor der ganzen Welt,
Deum de Deo, lumen de lumine,	Gott von Gott, Licht vom Licht,
Deum verum de Deo vero,	wahrhaftigen Gott vom wahrhaftigen Gott,
genitum non factum,	geborn, nicht geschaffen,
consubstantialem patri;	mit dem Vater in einerlei Wesen;
per quem omnia facta sunt.	durch welchen alles geschaffen ist.
Qui propter nos homines	Welcher um uns Menschen
et propter nostram salutem	und um unsrer Seligkeit willen
descendit de coelis.	vom Himmel kommen ist,
Et incarnatus est	und leibhaftig worden
de Spiritu Sancto ex Maria virgine,	durch den heiligen Geist von der Jungfrauen
et homo factus est.	Maria, und Mensch worden.
Crucifixus etiam pro nobis sub Pontio Pilato,	Auch für uns gekreuzigt unter Pontio Pilato,
passus et sepultus est,	gelidden und begraben,
et resurrexit tertia die	und am dritten Tage auferstanden
secundum Scripturas	nach der Schrift,
et ascendit in coelum,	und ist aufgefahrn gen Himmel,
sedet ad dexteram Patris.	und sitzet zur Rechten des Vaters,
Et iterum venturus est cum gloria,	und wird wieder kommen mit Herrlichkeit,
iudicare vivos et mortuos,	zu richten die Lebendigen und die Toten.
cuius regni non erit finis.	Des Reich kein Ende haben wird.
Et in Spiritum Sanctum,	Und an den HERRn, den heiligen Geist,
dominum et vivificantem,	der da lebendig macht,
qui ex patre filioque procedit.	der vom Vater und dem Sohn ausgehet,
Qui cum patre et filio simul	der mit dem Vater und dem Sohn zugleich
adoratur et conglorificatur,	angebetet und zugleich geehret wird,
qui locutus est per prophetas.	der durch die Propheten geredet hat.
Et unam sanctam catholicam	Und eine einige, heilige, christliche[6]

---

[4] WA L, 282f. Zitiert nach: Hirsch, 442. Die heute allgemein benutzte, sprachlich glattere, aber weniger wörtliche Übersetzung findet sich in den Gesangbüchern (s. folgende Anmerkung).

[5] Heute meist „Wir glauben ...", vgl. EG 805 und GL 356. Original jedoch πιστευω = Singular, s.u..

[6] Im evangelischen Sprachgebrauch „christlich" oder „allgemein", römisch heißt es „katholisch"; καθολικος heißt jedoch „allgemein" und sollte auch korrekt übersetzt werden, vgl. Luther, a.a.O: „ ‚Catho-

et apostolicam ecclesiam.	und apostolische Kirche
Confiteor unum baptisma	Ich bekenne eine einige Taufe
in remissionem peccatorum.	zur Vergebung der Sünden
Et expecto resurrectionem mortuorum,	und warte auf die Auferstehung der Toten
et vitam venturi saeculi.	und ein Leben der zukünftigen Welt.
Amen.	Amen.

Bach betitelt den zweiten Teil der h-Moll-Messe „Symbolum Nicenum". συμβολον bzw. „symbolum" meint dasselbe wie „confessio" (auch „professio fidei"), nämlich „Bekenntnis", speziell das Taufbekenntnis, das die Taufbewerber in der Alten Kirche ablegen mussten. Das älteste überlieferte Glaubensbekenntnis ist das Apostolicum[7], das der Legende nach von den Zwölfen selbst verfasst wurde, eher aber im 2. Jahr- hundert entstand und seit dem 9. Jahrhundert das allgemeine Glaubensbekenntnis im Rahmen der Taufe ist. Das Nicaenum erhielt seine Gestalt auf den Konzilen von Nicaea (325) und Konstantinopel (381). In Nicaea wurde ein aus Kaisareia stammendes Bekenntnis in Abgrenzung zur arianischen Irrlehre christologisch ergänzt (Jesus Christus und Gott Vater sind ομοουσιοι, „wesenseins"; eine Vokabel, die extra für diesen Sachverhalt erfunden wurde). Das Konzil von Konstantinopel legte die (gleichwertige) Stellung des Heiligen Geistes im Verhältnis zu Vater und Sohn fest (und begründete damit eigentlich die Trinität). In Chalcedon schließlich (451) wurde beschlossen: „Niemand darf ein anderes Glaubensbekenntnis [als das nicaenische] vorbringen, niederschreiben oder abfassen."[8] Auf diesen Beschluss konnte sich die Ostkirche, neben theologischen Einwänden, berufen, als sie die Einfügung des „filioque" (also das Hervorgehen des Geistes aus Vater *und Sohn*, das aus deren Wesenseinheit logisch folgt[9]) in den dritten Artikel ablehnte, die im Westen schon ab dem 6. Jahrhundert gebräuchlich und 1014 offiziell festgeschrieben wurde. Dieser Streit trug nicht unwesentlich zum Großen Schisma von 1054 bei, das bis heute andauert[10]. Dennoch ist das Nicaenum das ökumenischste aller Glaubensbekenntnisse, wird es doch, bis auf „filioque" und Übersetzung des καθολικος, von Katholiken, Orthodoxen und Protestanten gleichermaßen akzeptiert.[11]

---

lica' kann man wohl nicht besser deutschen denn ‚Christlich', wie bisher geschehen. Das ist: ‚wo Christen sind in aller Welt'. Dawider tobet der Bapst und will seinen Hof allein die christliche Kirche geheißen haben, leugt aber wie der Teufel, sein Abgott."
[7] EG 804, GL 2,5.
[8] Zitiert nach Vorgrimmler, 235.
[9] vgl. Vorgrimmler, 192.
[10] vgl. ausführlich Schmidt, 183ff.
[11] Zur Geschichte der Glaubensbekenntnisse vgl. Albrecht, 74ff, Vorgrimmler, 234ff und ausführlich Schmidt, 95ff.

2.2 Die Credo-Intonation

Ein wesentlicher und unaufgebbarer Bestandteil des evangelisch-lutherischen Gottesdiens-
tes ist der Gesang der Gemeinde, die damit an der Verkündigung partizipiert. Dazu gibt es
verschiedene Möglichkeiten, die gerade für das Ordinarium gelten:

a) Der Choral, das Kirchenlied. Dies stellt die wichtigste Art des Gesanges im evangelischen Gottesdienst dar. Luther hat für alle fünf Ordinariumsstücke Gemeindelieder geschaffen[12].

b) Der Wechselgesang zwischen zwei Gruppen (Liturg / Chor und Gemeinde oder zwei
Gemeindegruppen) taucht im evangelischen Gottesdienst ebenso auf. Beispiele dafür sind
die Gesänge der Straßburger Ordnung von 1524[13] oder Luthers Fassungen von Te Deum
(EG 191) und Litanei (EG 192) sowie das „Sursum corda" (EG 661.1).

c) Im Straßburger Credo wird Möglichkeit b) kombiniert mit der dritten Art: Ein einzelner
stimmt den Gesang an (intoniert), die Gruppe nimmt dies auf und führt es fort. Diese Methode gilt z.B. für das „Geheimnis des Glaubens" (EG 189) oder das Credo EG 653, außerdem für das Gloria in Form des Decius-Chorals EG 05.1, es empfiehlt sich weiter für ein
gesungenes Vaterunser (EG 186).

Eine Sonderstellung nimmt dabei das hier zu behandelnde Credo ein, wird es doch meist
nicht gesungen, sondern gesprochen. Dabei war es bis ins zwanzigste Jahrhundert hinein
(Kirchenkampf) dem Liturgen allein überlassen, es zu sprechen[14]. Seit dieser Zeit hat sich
auch die erste Person Plural im deutschen Text durchgesetzt (vgl. 2.1), die Luther für das
gesungene Credo schon immer vorsah: „*Wir* glauben all an einen Gott".

In der konzertanten Messe wird die letzte Methode, einen Gemeindegesang des Ordinari-
ums zu gestalten, häufig angewandt, weshalb hier so ausführlich darauf eingegangen wird.
In den Messen von Palestrina, Monteverdi bis hin zu den kleineren Messen Mozarts beginnt der komponierte Text des Credo in der Regel mit „Patrem omnipotentem" (ebenso
das Gloria mit „Et in terra pax"). Wie im Gottesdienst der Gesang durch den Priester oder
den Kantor angestimmt wird, geschieht es auch in den für mehrstimmigen Chor gesetzten
Messsätzen. Ein Solosänger stimmt die ersten Worte des Textes auf einer gregorianischen

---

[12] Kyrie eleison (EG 178.3), „All Lob und Ehr soll Gottes sein" (nicht EG), „Wir glauben all an einen Gott"
(EG 183), „Jesaja, dem Propheten, das geschah" (nicht EG) und „Christe, du Lamm Gottes" (EG 190.2).
Nennenswert sind die entsprechenden Gesänge von Nicolaus Decius: „Allein Gott in der Höh sei Ehr" (EG
179) und „O Lamm Gottes, unschuldig" (EG 190.1), die auch von Bach mehrfach vertont wurden (z.B. EG
190.1 im Eingangschor der Matthäuspassion, EG 179 von Carl Philipp Emmanuel im Vorspiel zum Symbolum Nicenum).

(oder ähnlich gestalteten) Melodiephrase an, bevor der Chor (mit neuem musikalischem Material) einfällt. Bach verfährt zwar nicht genauso – er komponiert „Credo in unum Deum" für Chor und Instrumente –, aber doch ähnlich, indem er ein Choralzitat zum Fugenthema macht (s. folgendes Unterkapitel).

2.3 Der Cantus firmus

Das Thema des Credo-Satzes der h-Moll-Messe ist nicht Bachs Genius entsprungen, sondern von ihm – sehr sinnfällig – von anderer Stelle übernommen. Es handelt sich um den Beginn einer gregorianischen Credo-Melodie, die in der lutherischen Kirche in Gebrauch geblieben war, die Michael Praetorius mehrstimmig gesetzt hatte und die Bach aus dem Leipziger Gesangbuch von Gottfried Vopelius (1682) kannte[15]. Später verwandte sie Franz Liszt für eine Orgelkomposition[16]. Sie findet sich heute nicht mehr in den Gesangbüchern beider Konfessionen, ähnliche Weisen wären jedoch EG 651 und 653 sowie GL 423 (mit lateinischem Text) und 449.

Durch die Wahl dieser Jahrhunderte alten Melodie legt Bach gleichzeitig einige musikalische Parameter seines Credo-Satzes fest (was er sicher sehr bewusst tut):

a) Den Modus. Das Credo endet nicht halbschlüssig, sondern ist insgesamt im mixolydischen Kirchenton gehalten. Das Thema bezieht sich auf den Finalis A, nicht auf D.

b) Die Taktart. Gregorianische Melodien werden in optisch längeren Notenwerten notiert als heutige Choräle. Da das Thema eine Brevis enthält, muss Bach, um ständige Überbindungen zu vermeiden, diese zum Taktmaß nehmen und den großen Allabreve-Takt setzen.

c) Die Art der Fuge. Es handelt sich um ein Ricercar, also eine Vorform der Fuge mit weniger strenger kontrapunktischer Führung. Schon optisch lässt sich der stilo antico erkennen. Im Gegensatz zur Führung der Sing- und Violinstimmen steht der Generalbass: Er läuft in verhältnismäßig kurzen Notenwerten fast ostinatoartig durch, was eine im Gegenüber zum Ricercar moderne Gestaltungsform ist.

---

[13] Kyrie (EG 178.2), Gloria (EG 180.1), Credo (EG 651).
[14] vgl. Albrecht, 76.
[15] vgl. Blankenburg, 63.
[16] „Messe für die Orgel zum gottesdienstlichen Gebrauch beim Lesen der stillen Messe", in: Franz Liszt: Orgelwerke Band II. Hrsg. von Karl Straube, Leipzig o.J., 86.

2.4 Die Sieben – eine heilige Zahl

Die Zahl Sieben spielt im Credo eine bedeutende Rolle (Konkretionen s.u.). Zunächst soll ihre zahlensymbolische Bedeutung geklärt werden:

Neben ihrer eigenen Bedeutung hat die Sieben auch als Zahlenkombination eine solche: Sie ist Summe von Drei und Vier (deren Produkt Zwölf wieder eine heilige Zahl darstellt[17]). Die Drei steht für den dreieinigen Gott, die Vier für die Welt (Himmelsrichtungen, Jahreszeiten, Elemente). So kombiniert die Sieben Schöpfer und Schöpfung (und passt entsprechend gut in den ersten Glaubensartikel). Im Zusammenhang der Schöpfung, also dem *Beginn der Zeiten*, taucht sie auch in der Bibel das erste Mal auf (also an frühestmöglicher Stelle der Schrift): In sieben Tagen schuf Gott die Welt (1Mo 1,1-2,4a) und heiligt den siebenten Tag (1Mo 2,3 und 2Mo 20,8-11). Jakob muss sieben Jahre um Rahel dienen (1Mo 29,18) und alle sieben Jahre sollen die Juden sich gegenseitig ihre Schulden erlassen (5Mo 15,1) usw.

Jesus Christus ist die *Mitte der Zeit* (Mk 1,15), auch in seinem „Umfeld" spielt die Sieben eine Rolle: Sieben Bitten gibt er dem Vaterunser (Mt 6,9-13), sieben mal siebzig mal soll dem Nächsten vergeben werden (Mt 18,22) und schließlich sind sieben Rufe („letzte Worte") Jesu am Kreuz überliefert (Mk 15,34par, Lk 23,34.43.46 und Joh 19,26f.28.30). Später wählt die Urgemeinde sieben Diakone (Apg 6,1-7, darunter den Erzmärtyrer Stephanus).

Das letzte Buch der Bibel, die Offenbarung des Johannes (αποκαλυπσις, „Apokalypse"), schildert das *Ende der Zeit*, die Ereignisse um das Weltgericht, und ist voll von Symbolik, auch von Zahlensymbolik. Johannes soll sieben Sendschreiben an die sieben Gemeinden verfassen (Offb 2f), das Buch des Lebens hat sieben Siegel, die das Lamm aufbricht (Offb 5f; 8,1-5), sieben Posaunen verkünden das Weltende (Offb 8f; 11,15) usw.

Im Credo-Satz der h-Moll-Messe setzt Bach an verschiedenen Stellen die Sieben ein: Das Thema hat sieben Töne (und entsprechend Textsilben: Cre- do in u- num De- um). Bach setzt die Fuge siebenstimmig (was nicht ohne Kunstgriffe möglich ist, s. 3.1). Sieben statt der möglichen acht Töne durchläuft das Continuo im ersten Takt. Blankenburg[18] zählt 17 Themeneinsätze, worauf er aber nur kommt, indem er die Sextparallelen in T. 34ff als *einen* Einsatz zählt. Dass Bach die 17 wegen der *Ziffer* 7 gewählt hat, scheint mir fragwür-

---

[17] Zwölf Söhne hatte Jakob (= Israel), entsprechend hat das Gottesvolk zwölf Stämme (1Mo 49) und beruft Jesus zwölf Apostel (Mk 3,13-19; Lk 22,30).
[18] vgl. Blankenburg, 64.

dig. Einleuchtender fände ich die Wahl der Zahl 18 für die Themeneinsätze, denn 18 = 3*3+3*3, oder 18 = 3*2*3[19], also eine trinitarische Deutungsmöglichkeit.

Hingewiesen sei auch auf den zweiten Satz des Symbolum „Patrem omnipotentem"[20], der, von Bach ausdrücklich notiert[21], 84 Takte umfasst. 84 ist das Produkt aus den aus Drei und Vier gebildeten heiligen Zahlen Sieben und Zwölf. Außerdem enthält das ganze Symbolum Nicenum sieben Chorsätze (von neun insgesamt = 3*3!). Wie die Sieben, wie oben dargelegt, die gesamte Heilsgeschichte umspannt, so auch das Credo, als Text („factorem coeli" bis „vitam venturi saeculi") und demzufolge auch in Bachs Satz.

3. Die Umsetzung im Credo-Satz der h-Moll-Messe

3.1 Die Fuge

Wie oben bereits erwähnt, handelt es sich beim Credo-Satz der h-Moll-Messe um eine Fuge (bzw. um ein Ricercar). Selbige beginnt im Tenor, der ohne instrumentale Hilfestellung oder Hinführung einsetzt, was Carl Philipp Emmanuel Bach zur Komposition einer „Einleitung zum Symbolum Nicenum"[22] veranlasste. Blankenburg deutet diesen Beginn folgendermaßen: „Der Sinn dieses musikalischen Vorgangs ist unverkennbar: Der eine, ewige Gott – versinnbildlicht durch die allein einsetzende Brevis – erhebt die Stimme und stößt die Uhr der Zeit an."[23] Naheliegend ist die Bezugnahme auf 1Mo 1,3.6.9.14.20.24.26: „Und Gott sprach: ..." Allein durch das Wort Gottes geschieht die Schöpfung in sieben Tagen. Die Fuge weist eine hohe thematische Dichte auf, sie ist völlig frei von Zwischenspielen. Die in T. 18 beginnende zweite Durchführung gestaltet sich in Engführung und bringt, nach den regulären Einsätzen jeweils auf e und a der ersten, eine harmonische Verdichtung, indem die Einsätze auf den Stufen fis, h und cis erfolgen (T. 18 Tenor, T. 21 Alt, T. 30 Violine 1). Ab Takt 33 augmentiert der Bass das Thema[24], und in den folgenden Takten findet es sich gleichzeitig in vier Stimmen (Sopran 1 und 2, Alt, Bass). Solch eine dichte Stimmführung ist dem oben angesprochenen Ricercar natürlich fremd.

Um auf die Siebenzahl der Stimmen zu kommen, setzt Bach für die sechste und siebente jeweils Violinen ein: „Da nun eine siebenstimmige Vokalfuge im Hinblick auf die Begren-

---

[19] Die Zwei steht für die zwei Naturen Christi.
[20] Zu dessen Verschränkung mit „Credo in unum Deum" s. 3.3.
[21] vgl. Blankenburg, 67.
[22] s. Klavierauszug, 199.
[23] Blankenburg, 63, den *Lauf der Zeit* versinnbildlicht demnach das Continuo, s. 3.2.
[24] Für Blankenburg (64) dauert dieses Thema dann sieben Takte, allerdings zählt er nur die Volltakte, nimmt man die Überbindungen mit, sind es 8 Takte plus ein Viertel.

zung des menschlichen Stimmumfangs nicht durchführbar ist, nimmt Bach ... zwei Violinen hinzu. Das Stück bleibt dennoch grundsätzlich ein A-capella-Stück, ...; denn die Violinen haben keine konzertierende Begleitfunktion, sondern sind Bestandteil der siebenstimmigen Fuge."[25] Der Klang der Violinen mischt sich am ehesten von den zu Verfügung stehenden Instrumenten mit der menschlichen Stimme.

3.2 Das Continuo

„Baßton ohne Ziffer ... bedeutet Hinzufügung von Terz und Quinte entsprechend der Tonartvorzeichnung."[26] Soweit die Regel. Ein Blick in die Partitur des Credos der h-Moll-Messe verrät jedoch: Das funktioniert hier so nicht. Der Bass läuft in Vierteln unter dem in Breves und Ganzen geführten Fugenthema und besitzt keine Bezifferung. Jedoch ist vom Symbolum Nicenum ohnehin kein Aufführungsmaterial erhalten und hat „Bach in der autographen Partitur, wie meist, keine Generalbaßbezifferung eingetragen"[27]. Also bleibt es dem Spieler überlassen, wie er den Generalbass liest. Blankenburg plädiert für eine weitgehende tasto-solo-Ausführung: „Auf keinen Fall darf bei heutigen Aufführungen dem Eingangssatz des Credo durch zu starke und akkordreiche Ausführung des Continuos der A-capella-Charakter genommen werden."[28] Eine Bezifferung des 1. Taktes, die die Basstöne dem Tenorton e' unterordnet, müsste im Extremfall lauten:

$$- \mid (8) \mid 6 \mid 7 \mid (8) \mid 2 \mid 6 \mid 6$$
$$\mid 4$$

Abgesehen davon, dass ein ständiger Orgelklang den alleinsingenden Tenor zuzudecken drohte, würde eine in Vierteln fortschreitende Harmonie auch Einfluss auf das Tempo nehmen: „Fast jeder Ton einer beweglich geführten barocken Bassstimme trug im Continuo-Cembalo einen neuen Akkord, brachte – in heutiger Formulierung – einen Funktionswechsel. Dieser musste vom Ohr verstanden werden können und das braucht seine Zeit. Die Zahl der Funktionswechsel aber bestimmt das mögliche Tempo einer Melodiestimme."[29] Eine vollständige Aussetzung des Basses würde also zu einer starken Tempoverschleppung führen. Ruhige ganze Noten als Grundschlag scheinen mir aber dem Stilo-antico-Charakter des Stückes besser zu entsprechen. Daher ist Blankenburgs Meinung durchaus zuzu-

---

[25] Blankenburg, 63.
[26] Grabner, 7.
[27] Blankenburg, 66.
[28] ebd.
[29] de la Motte, 136.

stimmen. Die Generalbassaussetzung sollte, sofern überhaupt angewandt, ebenfalls sich auf die Hauptzählzeiten (also 1. und 5. Viertel) beschränken.

Neben der harmonischen Stütze kann dem laufenden Bass auch eine symbolische Bedeutung zugeschrieben werden. Oben wurde bereits auf die Deutung als vom einzigen Gott (= Tenor-Beginn) angestoßene „Uhr der Zeit"[30] hingewiesen. Der Bass „umspannt und durchmisst das All"[31] mit seinen stetigen Auf und Ab zwischen D und d'. Dabei bedeutet der Oktavlauf für Blankenburg die „Fülle der Schöpfermacht"[32]. Dem entspricht der griechische musiktheoretische Terminus für Oktave δια πασων = „durch das Ganze".

3.3 Die Fortführung – „Patrem omnipotentem"

Der hier zentral behandelte Satz „Credo in unum Deum" geht direkt über in den zweiten Satz des Symbolum: „Patrem omnipotentem, factorem coeli et terrae, omnium visibilium et invisibilium." Wenn auch m.E. der erste Satz nicht mit einem Halbschluss endet[33], sondern mit einer plagalen Kadenz im mixolydischen Modus (s. auch 2.3), so ist das Erfordernis eines „subito"-Anschlusses doch unübersehbar: Abgesehen davon, dass die Schlusswirkung einer plagalen Kadenz geringer ist als die einer authentischen, beginnt Bach den zweiten Chor, obwohl eindeutig in D-Dur gesetzt, mit der Dominante A-Dur. Auch textlich gehen die Sätze ineinander über, „Patrem omnipotentem" enthält als Textfragment mehrmahls „Credo in unum Deum" (T. 1-3 dreistimmig, 6-8 zweistimmig, 10-12.48-50 einstimmig). Ebenfalls finden sich die weitgespannten Bassläufe wieder und handelt es sich auch beim zweiten Satz, was zugegebenermaßen bei Bach keine Außergewöhnlichkeit darstellt, um eine Fuge. Damit wird der erste Glaubensartikel, obwohl in zwei musikalische Sätze aufgeteilt, doch wieder zusammengefasst.

Eine parallele Konstruktion wendet Bach für die letzten zwei Sätze des Werkes („Confiteor" und „Et expecto") an: Einem strengen stilo-antico-Satz folgt ein konzertanter. Der erste greift jeweils einen liturgischen Cantus auf und betont das Moment der Einheit „unum Deum" und „unum baptisma", den *einen* weltschaffenden Gott und die *eine* heilsbringende Taufe[34]. Auch an anderer Stelle setzt Bach den stilo antico für die erste Person

---

[30] Blankenburg, 63.
[31] ebd.
[32] ebd.
[33] wie Blankenburg meint, vgl. ders. 66. Allerdings gesteht auch Blankenburg ein „Schwanken zwischen g und gis, das sich aus dem mixolydischen Cantus firmus ergibt", ein (64).
[34] vgl. Geck, 481.

der Trinität ein: In der Fuge BWV 552,2 aus dem „Dritten (!) Teil der Clavierübung"[35].
„Mit der Themenkombinationsfolge 1, 1+2, 1+3 ist die Einheit Gott-Vaters mit Gott Sohn und Gott dem Heiligen Geist ausgedrück."[36]
Der konzertante Satz ist „nichts anderes als eine unbeschwerte, jubelnde Doxologie"[37], also ein Lobgesang, ein Gloria (δοξα = lat. gloria). Dieses Verständnis findet seine theologische Berechtigung in Heb 13,15: „So lasst uns nun durch ihn [sc. Jesum] Gott allezeit das *Lobopfer* darbringen, das ist die Frucht der Lippen, die seinen Namen *bekennen*." Christoph Albrecht weist auf die häufig zu hörende gottesdienstliche Einleitung des Credo hin: „Laßt uns Gott loben mit dem Bekenntnis unseres Glaubens!"[38], die ebenfalls aus dem Hebräerzitat abgeleitet ist. Im Bekenntnis zum Schöpfer und zum Erlöser ist das Lob der guten Schöpfung und der erlösenden Gnade eingeschlossen, so auch für Bach.

3.4 Zur Parodiefrage

Der Abschluss dieser Arbeit soll sich der Frage widmen, die im Zusammenhang mit der h-Moll-Messe immer wieder auftaucht: Handelt es sich bei diesem Satz um eine Parodie eines früheren Werkes Johann Sebastian Bachs? „Wir können der lateinischen Messen Bachs nicht gedenken, ohne ... ausführlich auf die Frage der Parodie einzugehen, die für die ästhetische Würdigung vielleicht nicht entscheidend, jedoch von großem Belang ist."[39] Damit ist gleichzeitig die Frage nach der Entstehungsgeschichte dieses Satzes gestellt.

Bach hat die h-Moll-Messe 1748/49 vervollständigt (indem er die Missa brevis für den Dresdner Hof von 1733 erweiterte) und dabei viele Teile aus früheren Werken umgearbeitet und nicht alles neu geschaffen[40]. Die Wahl des an den Credo-Text gebundenen cantus firmus zum Fugenthema lässt eine wirkliche Parodie unmöglich erscheinen. Gleiches gilt für das „Et expecto". Es existiert jedoch eine in G-Mixolydisch stehende Frühfassung[41]. Christoph Wolff datiert sie auf etwa 1740, die Zeit, in der Bach den stilo antico „vor allem ... zugeneigt" gewesen sei[42]. Eine weitere Möglichkeit, die Wolfgang Osthoff

---

[35] in: Bach, J.S.: Orgelwerke Band III. Hrsg. von Friedrich Conrad Griepenkerl und Friedrich Roitzsch, neu durchgesehen von Hermann Keller. Leipzig / London / New York o.J. (Erstauflage 1845).
[36] Hoffmann, 180. Thema 1 ist im 4/2-Takt notiert und geht in ganzen und halben Noten
[37] Blankenburg, 67.
[38] vgl. Albrecht, 76.
[39] Geck, 477f.
[40] vgl. Geck, 481ff. Blankenburg macht ebenfalls bei der Betrachtung der Einzelsätze Angaben zur Parodievorlage.
[41] Klavierauszug, 193.
[42] nach Geck, 481.

vertritt, ist, das „Hauptmodell" des „Credo in unum Deum" in der auskomponierten Intonation (vgl. 2.2!) BWV 1081 zu einem Credo Basanis zu sehen, dessen Datierung aber dann wiederum auf 1748/49 lautet[43]. Eine eindeutige Klärung scheint jedoch nicht erreicht.

Der ebenfalls betrachtete Satz „Patrem omnipotentem" hat sein Vorbild im Eingangschor der Kantate 171 „Gott, wie dein Name, so ist auch dein Ruhm". „In bewundernswerter Weise hat Bach hier jedoch durch weitgehende Umgestaltung im Grunde eine neue Komposition geschaffen."[44] An dieser Parodie wird aber deutlich, dass Bach nicht „auf's Geratewohl" parodiert, sondern durchaus überlegt, in diesem Fall entsprechend dem Verständnis des Glaubensbekenntnisses als Lobopfer nach Heb 13,15 (s. 3.3).

---

[43] nach Geck, 482.
[44] Blankenburg, 66.

Literatur

Albrecht, Christoph: Einführung in die Liturgik. Göttingen [5]1995.

Blankenburg, Walter: Einführung in Bachs h-Moll-Messe. München / Kassel [2]1982.

de la Motte, Diether: Harmonielehre. München / Kassel [13]2004.

Deutsche Bibelgesellschaft (Hrsg.): Die Bibel. Lutherübersetzung. Stuttgart 1999 (= Revision 1964/1970/1984 in neuer Rechtschreibung).

Diözese Osnabrück (Hrsg.): Gotteslob. Katholisches Gebet- und Gesangbuch. Diözesanausgabe des Einheitsgebet- und Gesangbuches mit dem Eigenanteil der Diözese Osnabrück. Osnabrück 1996.

Geck, Martin: Bach. Leben und Werk. Reinbek bei Hamburg 2000.

Grabner, Hermann: Generalbassübungen. Als Anleitung zum Continuospiel und freien Improvisieren in drei Lehrgängen (Unter-, Mittel- und Oberstufe) mit 43 Originalsätzen der Generalbassliteratur. Niederkassel 2004.

Hirsch, Emanuel: Hilfsbuch zum Studium der Dogmatik. Die Dogmatik der Reformatoren und der altevangelischen Lehrer quellenmäßig belegt und verdeutscht. Berlin [4]1964.

Hoffmann, Gunther: Das Orgelwerk Johann Sebastian Bachs. Ein Konzertführer. Stuttgart 1989.

Schmidt, Kurt Dietrich: Grundriß der Kirchengeschichte. Göttingen [9]1990.

Verlagsgemeinschaft für das Evangelische Gesangbuch Niedersachsen / Bremen (Hrsg.): Evangelisches Gesangbuch. Ausgabe für die Evangelisch-Lutherischen Kirchen in Niedersachsen und die Bremische Evangelische Kirche. Hannover 1994.

Vorgrimmler, Herbert: Neues Theologisches Wörterbuch. Freiburg i.B. [2]2000.

Notenausgaben
Bach, Johann Sebastian: Messe in h-Moll BWV 232. Herausgegeben von Friedrich Smend. Kassel et al. 1955.

ders.: Messe in h-Moll für Soli, Chor und Orchester BWV 232. Neue Ausgabe nach den Quellen herausgegeben von Christoph Wolff. Klavierauszug von Johannes Muntschick. Leipzig et al. o.J.